Hannes Stiegler

TO OWE ONE SIKH
Eine geistreiche Reise durch das Jahr 2016 in Prosa und Lyrik

Um die Kurzgeschichte **„Fahrt zum Brennpunkt meiner Seele"** erweiterte 2. Auflage

Hannes Stiegler
TO OWE ONE SIKH
Eine geistreiche Reise in Prosa und Lyrik durch das Jahr 2016

Umschlaggestaltung: Hannes Stiegler, basierend auf einem Acrylgemälde aus dem Jahre 2015
Alle weitern Fotos in diesem Band wurden vom Autor aufgenommen und sind urheberrechtlich geschützt. Das rückwärtige Coverfoto stammt von Robert Herbe (aufgenommen bei einem Konzert Rockhouse Salzburg am 28.12.2016)

Bibliografische Information der Deutschen Nationalbibliothek:
Die Deutsche Nationalbibliothek verzeichnet diese Publikation in der Deutschen Nationalbibliografie; detaillierte bibliografische Daten sind im Internet über http://dnb.dnb.de abrufbar.

© *2017 Hannes Stiegler. Zweite, erweiterte Auflage*
ISBN: 978-3-7431-6685-1
Herstellung und Verlag: BoD – Books on Demand, Norderstedt

INHALT

Einleitung	7
Gedanken zur Krise	8
Entpolarisierung	12
Gedanken zur Situation in der BRD	15
Lieber Hans-Paul	16
Tschuiding	19
Nachmitternachtselegie	21
Reifung	23
A Sweet Kiss	23
Einladung an die Freunde	24
Wo sind die Worte geblieben	26
Ostersinnlichkeiten 2016	27
Ode an den „…" - losen	29
Zeilen an den daheimgebliebenen Freund	30
Gruß aus KRK	31
Der lesende Philosoph	32
Der Wanderer	33
Kleid der Sehnsucht	34
Lieber Tassati	35
Mezzechruotli I	36

INHALT

Addendum	38
ANGST-ANXIETY.....	39
Bondage	40
Mangrovenrätsel	41
Fortgang der Tochter	45
Gonokokkenschuss	46
Menüvorschlag	47
Seafood	48
Was fehlt	49
Dionysos	50
Advent	51
Schloss Funkelbrunn	52

Anhang:

Kurzgeschichte: Fahrt zum Brennpunkt meiner Seele	62
Verzeichnis weiterer Werke des Autors	89

Einleitung:

2016, ein Jahr der Krise, ein Jahr des wiederkehrenden Wahnsinns, Eigensinns und Widersinns. Aber auch ein weiteres Jahr der inneren Zufriedenheit und Lebensfreude des Autors, reflektiert in amüsanten, empörten und fabulierenden Zeilen.

Der Leser möge sich entspannt zurücklehnen und die Gedanken als Musik der Seele entgegennehmen. Ein Bild, ein Gedicht, ein Lied? Egal was es ist, eingehende Beachtung sei stets im Spiel.

Hannes Stiegler, Fürstenbrunn im Jänner 2017

Gedanken zur Krise

Es wurden schon viele Kriege während der letzten Jahrtausende geführt. Grausame, sinnlose, berechtigte, ungerechte, kurze, lange, schreckliche usw.

Der derzeitige Flüchtlings-Infiltrationskrieg gegen Europa scheint aber der intelligenteste von allen je geführten Kriegen zu sein. Eine Armee von bisher Millionen eingewanderter Moslems ist im Begriffe zum größten Schlag gegen das freie Abendland auszuholen. Das unglaublich Perfide dabei ist, dass die Opfer dieses Angriffs diese Armee mit offenen Armen und Herzen willkommen heißen, ihre Truppenverlegungen ermöglichen und diese über einen nicht absehbaren Zeitraum hinweg finanzieren.

Diese Armee zeigt sich unter der Tarnkappe des unbewaffneten, bedauernswerten Flüchtlings, ist aber mit der schrecklichsten Waffe, die die Menschheit je ersonnen hat, ausgerüstet: dem Koran. Im Namen dieser zweifelhaften Schrift bereitet dieser moslemische Virus die Übernahme der Alten Welt durch dschihadistische Killerbrüder vor und öffnet ihnen das Tor, um die Europäer mit ihren eigenen Waffen, den blinden, offenen Herzen, zu schlagen. Kein Stoß ist tödlicher als jener in ein offenes, verklärtes Herz.

Der Großteil der arabischen Welt, besonders die reichen Ölländer, allen voran Saudi Arabien, Seite an Seite mit ihren amerikanischen Verbündeten, sehen diesem Treiben aus der Distanz, mehr ins Fäustchen lachend als geschockt zu. Kein Mensch versteht, dass eine Schar von 50000 bis 100000 Fundamentalisten nicht von einer ihnen gegenüberstehenden Manneskraft von einigen Millionen Soldaten in den Armeen der restlichen islamischen Welt liquidiert werden kann. Sie könnten schon aber es wird nicht betrieben. Sie haben es auf eine Destabilisierung und Zerstörung des Vereinten Europas abgesehen. Dazu kommt noch die fatale Unterstützung des IS durch Erdogans Politik der Zerschlagung der Kurdenautonomie.

Es ist Zeit aufzuwachen. Die Grenze europäischer, und besonders deutscher und österreichischer Naivität, die mit falsch verstandener Humanität um sich greift und in ihrer Unbeirrbarkeit den mühsam aufgebauten Wohlstand Europas bedroht und deren Bürger sich gegenseitig dümmlich mit Worten bekriegen, scheint weit überschritten zu sein.

Die Lösung der Krise liegt aber nicht bei Europa. Sie liegt nicht in der einseitigen und sklavischen Befolgung einer humanitären Flüchtlingsgesetzgebung, die in dieser prekären Situation des Notstands nicht mehr funktioniert. Die Lösung liegt auch nicht in der Finanzierung der Flüchtlingslager im Nahen Osten. Vielmehr gilt hier das Verursacherprinzip, obwohl ein Großteil der europäischen Politiker bereits so verwirrt ist, zu glauben, die Schuld an der Flüchtlingskrise sei der europäischen Gemeinschaft anzurechnen. Das ist wohl die Crux der Verblendung. Wie kommen die Bürger der freien europäischen Staaten dazu, die Unfähigkeit der islamischen Staaten, ihren Glaubensbrüdern ein freies Leben in Frieden und Wohlstand zu bieten, mit ihren Steuergeldern zu finanzieren?

Verursacher sind einzig und allein die verschiedenen islamischen Glaubensausrichtungen. So liegt demnach auch die Lösung der Krise allein in der islamischen Gemeinschaft. Es müssen dort jene Kräfte mobilisiert und ermutigt werden, die eine pan-islamische Reform und damit eine Reform des Korans durchführen und fundamentalistische Kreise zum Schweigen bringen können. Die Kraft, der Eifer, das nötige Geld, um diese Reformen durchzukämpfen, sind in dieser Religionsgemeinschaft reichlich vorhanden. Was die reformatorischen Kräfte in der islamischen Welt dazu von außen brauchen, ist keine Einmischung (weder mit Waffen noch mit Geld, noch mit Ratschlägen), sondern neutrale Mediation und klares Auftreten im Rahmen eines selbst gewählten Weisenrates.

Bis diese Reformen greifen, müssen alle Gesetze, die die liberale Behandlung von Flüchtlingen jeder Provenienz betreffen, in ganz Europa ausgesetzt und eine gemeinsame Politik der Zurückweisung aller Asylsucher in ihren Ursprungsländer vehement betrieben werden. Die dazu anfallenden Kosten werden von der EU vorfinanziert und sollen à la longue von den Staaten aus denen die Flüchtlinge kommen, zurückgefordert werden. Das ist die klare Sprache, die von unseren moslemischen Mitbürgern auch verstanden wird. Durchaus nicht zu weit gegriffen. Nein! Denn: in der Utopie liegt die Kraft zur Veränderung.

Entpolarisierung[1]

Langsam, ganz langsam breitet sich in unserem Lande die Überzeugung aus, dass wir in der Einwanderungsfrage nicht weiterkommen, wenn wir uns fortgesetzt gegenseitig polarisieren.

Weder uneingeschränkte Willkommenskultur noch strikte Einwanderungsgegnerschaft sind nämlich unserem Lande dienlich. Noch weniger dienlich ist unserem Lebensraum, wenn wir die Pros links und die Gegner rechts platzieren. Diese andauernden Positionszuweisungen schwächen eindeutig unseren innerstaatlichen Frieden und unsere Handlungsfähigkeit in dieser Sache. Völlig lächerlich und unwürdig ist es zudem, freie Meinungsäußerungen unserer Bürger per Gesetz mit den Wiederbetätigungs- und Verhetzungsparagraphen gerichtlich zu verfolgen. Das schafft ein Klima der Angst und erhärtet die Fronten. Die Fronten gehören nicht erhärtet sondern aufgebrochen und gegglättet. Ein Land kann sich nicht angesichts der schwierigen Aufgabe, ein Problem mit unbequemen Einwanderern zu lösen, innerlich schwächen. Das nützt niemandem. Weder uns,

---
[1] 20. Oktober 2016

noch unseren Gästen. Wir müssen Stärke und Einigkeit zeigen, um manchen in unser Land gekommenen Leuten gemeinsam klar zu machen, dass sie ihre häufig überzogenen Erwartungen und kontraproduktiven Einstellungen zurückstellen müssen. Es muss ihnen klar gemacht werden, dass sie sich nun mal in einer Ausnahmesituation befinden. Und wir werden versuchen, so gut es geht, Ihnen mit den uns zur Verfügung stehenden Ressourcen, diese Situation etwas leichter zu machen. Flüchtling zu sein ist genauso wenig ein Honigschlecken, wie als Gesellschaft zu funktionieren, die 100000en Menschen ein würdiges Verweilen in unserem Staate bieten soll.

Dieses Klarmachen hat mit Achtsamkeit, Stärke und unter Berücksichtigung der eigenen Kapazitäten sowie der Bedürfnisse der Immigranten zu geschehen und zwar in ständigem Dialog aller Betroffenen. Außerdem kann nur gegenseitige Achtung innerhalb unserer Bevölkerung auch die nötige Achtung und Beachtung der Einwanderer zur Folge haben. Man muss mit der nötigen Beachtung bei den Menschen die Akzeptanz schaffen, dass der Prozess der Integration in unsere Gesellschaft ein kräfteraubender und langwieriger Prozess für beide Seiten ist, bei welchem jeder Beteiligte auch Abstriche von seinen

Vorstellungen machen muss und es muss den Menschen letztendlich klar sein, dass nicht jeder die Möglichkeit geboten bekommen wird, auf Dauer bei uns Fuß fassen zu können. So einfach das klingt, so schwierig ist es, dies in die Tat umzusetzen. Aber es war bei Gott nicht ganz so einfach, diese Worte zu sagen. Aber wie so viele andere Worte, mussten sie einfach hier und heute gesagt werden.

Wer sie nicht hören will, formuliere doch mal eigene Sätze dazu. Dann sind wir einen Schritt weitergekommen. Wir reden darüber und bezichtigen uns nicht gegenseitig in die eine oder andere Ecke zu gehören. Wir sitzen nämlich in ein und demselben Boot, das nur im Gleichklang der Ruder in eine gedeihliche Zukunft fahren kann, umso mehr als wir neue Passagiere an Bord haben, die das Recht haben, ihren angestammten Hafen gesund zu erreichen.

Gedanken zur Situation in der BRD[2]

Also an die fünf Millionen Muslime in Deutschland, bald mehr als dies……! Der Gedanke ist monströs, aber vor 70 Jahren lebten in Deutschland ca. 500000 Juden. In der Reichweite der Deutschen Macht nochmals 4,5 Millonen.

Fakt ist, aber, dass offensichtlich die vergleichsweise geringe Zahl von 500000 Juden im Deutschen Reich genügte, um einen fatalen Genozid auszulösen, dem am Ende, einschließlich der besetzten Einzugsgebiete ca. 2,5 Millionen Menschen zum Opfer fielen.

Nun die Zahl 4-5 Millionen Muslime, Tendenz stark steigend, nagt bereits tief am Fleisch vieler Deutscher. Wollen wir erleben, dass es einem großen Teil der deutschen Bevölkerung wieder mal reicht …? Nie und nimmer! Deswegen: früher an später denken! Den Verirrungen menschlichen Daseins keine Nahrung geben und eine systematische Rückführung organisieren, bevor es wieder einmal kracht.

---

[2] September 2016

Im Brennpunkt Deiner Sichtung[3]

Deine leidliche aber doch liebreizende Verscannung der Schmidtsch'en Wort- und Gedankenverrunkelungen hat auch mich leiden lassen – das wolltest du ja! Was dieser Mensch ernst und frustriert ist geht ja auf keine Sauropodenhaut. Bitte, lies ihn nicht allzu oft, sonst nimmst Schaden – eh wurscht, du hast ihn ja schon, den Schaden – lies ruhig weiter – kann eh nicht mehr viel schaden.

Das De-Gaulle-Geraunze ist ja, wenn man sich in die 50er zurückversetzt, ganz schön keck, basiert aber auf historischen Fakten. Wie backlashed immer De Gaulle gewesen sein mag, einigen Weitblick hatte er doch bewiesen. Hätte er mit seiner Unterwerfung des Maghrebs langfristig durchgehalten und quasi Buren-like, ident zur RSA[4], eine République de l'Afrique du Nord gegründet, wären Frankreich und Europa viele unnötige Einwanderungswellen erspart geblieben und den Leuten dort ginge es besser als im gegenwärtigen islamischen Saustall. Wohl ist der islamische Mist in Marokko und Tunesien noch einigermaßen erträglich. Der restliche Drecksaustall von

---

[3] Brief an Hans Paul 7. Feber 2016

[4] Republic of South Africa

Istanbul bis Islamabad, von Aleppo bis zur Syrte und runter nach Khartum stinkt bis ins All und hat ein Ausmaß erreicht, das nicht mehr erträglich ist. Als tickende Zeitbomben im Fleische des blutenden Westens reisen sie an, diese bedauernswerten aber brandgefährlichen Fußarmeen. Eine perfide Kriegsführung. Intelligent zugleich. Werden diese Fußtruppen der Verblendeten doch von den angegriffenen Ländern willkommen geheißen, verköstigt, verhätschelt und finanziert. Jetzt kommt noch dazu, dass wir uns Gedanken machen, ob wir Europäer wohl alles richtig gemacht haben, ob wir nicht doch noch mehr tun könnten für diese Häscher und entzweien uns dabei mehr und mehr über dieses Thema.

Unsere muslimischen Mitbrüder lachen sich angesichts unserer grenzenlosen Naivität ins Fäustchen. Die Naivität kehrt aber leider nicht um, im Gegenteil, jetzt finanzieren wir noch deren Aufmarschräume in der Türkei, obwohl es genug islamische Bruderstaaten gäbe, die zusammen reicher sind als wir und mit einer Leichtigkeit Millionenstädte für die Flüchtlinge errichten und dem verirrten Haufen von IS Kämpfern mehr als das Hundertfache an Truppenstärke entgegensetzten könnten. Sie tun es nicht, nein. Nein, Sie tun es einfach nicht. Wozu auch?

Die herzenswarmen Europäer lechzen nach weiteren Dornen im Fleische. Nichts ist so schnell zerstört als ein offenes, naives Herz. Nur kapiert das hier noch niemand so richtig. Man glaubt an die Gemäßigten, an diejenigen Muslime, die vor dem Krieg flüchten mussten und scheinbar nichts mit den fundamentalistischen Strömungen zu tun haben wollen. Alles weit gefehlt, sie sind zu einem beträchtlichen Prozentsatz wehrfähige Männer, die Ihre Familie und ihr Land im Stich gelassen haben und sich auf unseren sozialen Errungenschaften ausruhen möchten.

Das Mörderherz ist ihnen aber allen zu Eigen. Ob sie IS Kämpfer, Syrische Bauern, Ärzte, Kinder, Frauen, Sunniten, Maghrebiner, Schiiten oder sonstiges sind, sie sind alle grundgefährlich und tickende Zeitbomben, da Sie nun mal an das Buch der Zwietracht, genannt Koran, glauben. Solange diese Schrift in dieser Form gelehrt wird und die Mullahs mit ihren teuflischen Interpretationen ihre Gläubigen verbiegen, solange in den muslimischen Staaten die Scharia herrscht, solange wird es in der Welt auch keinen Frieden geben ….. oh Gott, wohin bin ich jetzt geprescht?

Tschuiding![5]

Danke für Deine Anteilnahme. Dank ist jetzt angesagt, sonst verliere ich mich noch mehr in diese Scheiße unserer Zeit. Wenn Rommel doch von Tobruk her kommend einen kleinen Abstecher nach Rakka machen könnte! Wie schnell wäre deren Leben im Sande der Wüste ausgehaucht! Aber diese Männer gibt es nicht mehr. Schon wieder drinnen! Raus!

Also meine Byepasses sind nicht aus Plastik, my dear! Das sind eigene Schläuche aus meinem schönen Linksbein, peinlichst genau an meine Aorta geclipped. Genau so anfällig für Mikroben wie andere Körperteile auch. Nur meine Diverticulitis hat mit Viren ja nix zu tun. Ist keine Vireninfektion sondern eine – itis, eine schmerzhafte Entzündung höchsten Grades gewesen. Jetzt mit der Chemiekeule längst vertrieben, beschäftige ich mich mit der Ausleitung, der Verbrunz- und Verscheißung, wie es sich in diesem Falle auch gehört. Das macht müde und ich schlafe ein Vielfaches dessen, was bisher so für mich üblich war. Natürlich trinke ich viel Wasser und wenig

---
[5] An HP 7. Feber 2016

Wein. Ein zwei Glaserl Rot höchstens, aber dies regelmäßig.

Wieso weißt Du eigentlich doch so relativ gut Bescheid über derartige Wehwehchen? Hat es Dich auch mal erwischt? Danke auch für die Räucherfischerwähnung und Verwehrung. Hast recht, esse doch lieber Schonenderes. Ist besser für die nächste Zeit. Was hast Du eigentlich mit dem Fritsch vor? Machst Du ein Forschungsprojekt, Du ernster Empathielackel.

Ich danke dir

Nachmitternachtselegie[6]

Ich war schon mal besser am Damm
als während der vergangenen Tage.
Ach, in welch feindlicher Umwelt wir doch leben!
Nicht für Menschen gemacht,
und schon gar nicht jene in unseren Breiten.

Es zwickt, brennt und zieht,
die Haut fühlt sich an jene einer senilen Elefantenkuh,
von Millionen von Maden durchfurcht.
Die Augen zucken wie sandige Froschlaich im Abendsturm
Und trotz allem scheint noch etwas Leben in meinen Gliedern zu stecken.

Leben, das immer wieder aus diesem nekrotischen Zustand zu entweichen trachtet,
mit mehr oder weniger Erfolg, wohl wissend,
dass eines Tages die Nekrose am Siegerpodest stehen wird ....
Das Altern ist wahrlich dem jugendlichen Heißsporn sein ureigener Feind.

---

[6] Feber 2016

Zum Teufel mit ihm auf ewiglich!
Welch' wenig Früchte tragender Fluch,
sogleich im Nirwana der behände verrottenden Gedanken verflogen!
Am besten ist's, die klapprigen Lider zum läuternden Schlafe zu schließen
und sich seiner lindernden Kräfte anzuvertrauen.
Jetzt gleich und fortan immer wieder, aufs Neue.

Oder hätte ich sagen sollen
„Es ist schon spät, die Äuglein brennen,
also geb' ich kurz mal Ruh"?
Wohl Kaum!
Dazu flackert es noch zu viel in mir!
Und die Zung', sie trällert und trällert vidibum
ohn' Unterlass und ohn' Geheiß.
Keine Spur von Seelenruh im Sumsgehege.

REIFUNG – an den Goldschmied aus Bad Ischl[7]

Oh, emsiger Meister sinniger Worte
und edel versponnenen Gesteins!
Wie wahr der Spruch vom Flug der Zeit
Sollte Müßiggang die Crux hier sein?
Oder wohlgestalter Arbeitsflow -
den Zeitenstrom zu beugen?

Ich glaub', es ist edle Arbeit fromm
und holder Müßiggang im Paare
Sonst entgleiten uns die Jahre
ohne die Schönheit des Reifens
unserer selbst erkannt zu haben

A Sweet Kiss[8]
A sweet kiss
In the middle of the night
Is like a bliss
An ultimate delight

---

[7] Januar 2016

[8] Februar 2016

Einladung an die Freunde[9]

Meine lieben Fraumler von anno dazumal. Zeit isch! Hobt's Zeit?
Nach langen Recherchen ist es mir gelungen einige Exemplare des legendären und kultigen Fraumelförderers „Raphael Golden" aufzutreiben und schlage Euch vor, diese an einem noch nicht näher bestimmten Orte zu vernichten. (Wer weiß was ich meine, fragt nicht nach. Wer ängstlich nachfragt, ist besser nicht dabei).

Wer es nochmals wissen will und nicht vollends als Volldiabetiker oder Coronarinsuffizienzler apostrophiert gelten will, sollte sich zu dieser denkwürdigen Party bei mir mal grundsätzlich anmelden. Wolkiger Fraumelgeist garantiert. Wer weiß, wann sonst noch als itzo?

Solltet ihr lieber die zartere Variante vorziehen, und die Mehrheit den guten Geist als geeisten Apéro vor einem denkwürdigen Mahle genießen wollen, so kann man auch diese Varianten andenken. Aber das wäre nicht die ultima ratio desiderata in dieser Situa-

---
[9] 10. März 2016

tion. Ich denke eher an eine massierte Infiltration mit leichter Tapas- und Literaturbegleitung.

Frauen sind von dieser Spätweihe strikte ausgeschlossen. Ihr wisst, warum. Das Fraumeln ist des Mannes Lust.

LG

HANNES

P.S.: By the way: „Yes, we may, mightn't we?

... wo sind die Worte geblieben?[10]

... wo sind die Worte geblieben?
Etwa zu viele schon geschrieben?
Meist findet man sie nicht,
wenn man sie braucht.
Sie erscheinen wann sie wollen
und kommen dann ans Licht,
um zu geben aus dem Vollen ...

---

[10] März 2016

Ostersinnlichkeiten 2016[11]

Übrigens... lass' uns das Ostergefraumel einläuten:
DENN SUCHEN....
was Durchschnittlichkeiten uns bieten
und finden
wozu uns die Alten schon rieten
dem Maße von stetigem Selbsterbrechen zu trotzen
sei ideal um zu rächen, was versäumt
in zu früh vergangener Zeit
und erwache in neuem Fraumelkleid!

Dein adulescens senilis fraumularis

Ach Gott, Peter, POETA DEORUM GRATIA mein

Pardauzgefraumel!

Dein sinnlich Gedicht
Manch Siegel erbricht
Da hamma de Gschicht
Die zwar nix verspricht
Und doch erhellt die Sicht

---

[11] Von: "Peter Dr.Bönsch" Montag, 21. März 2016 19:22 an Stiegler und von Hannes zurück

Sicht auf Arcadiens Weiten
Verbaumwurzelt beizeiten

Spechtverhauene Borken
Speien weinwartende Korken
Im Fange silberner Forken

Suess, amberfarbene Gischt
dröhnend aufgetischt
siedend durch uns zischt
mit Fraumel kaum erfrischt
hat's uns schon erwischt

So könnte es sein,
Du Fraumelschwein

IOANNIS, INDOCTUS FRUMOLOGIAE OMNIS TUO

Ode an den „..." - losen[12]

Auch Du mein Sohn Timotheus
machtest mit den Hauern Schluss!
Thanxx God, mein steter Speichelfluss
kommt noch in den Altgenuss
Derer von abgenagten Gnaden
mit dem einen oder andren Schaden
und das seit sieben Zahndekaden

Kann ergo noch voll an die Waden
Wo deine Neuen wohl blieben stecken
Musst halt ein Alter-System aushecken
um zu vexieren diese blöden Recken

Ach was! Sie mögen uns am Arsche lecken

Spruch[13]

Smooth und smart hält dich auf Fahrt, hart und rüde macht dich müde

---

[12] Im Anschluss an Hanspaules Mitteilung über den Fortgang seiner Zähne im Mai 2016
[13] Mai 2016

Zeilen an den daheim gebliebenen Freund[14]

Hallo Bua !
Ich bin der Tat gar urlaubig g'west
und hab' die Halbinsel da unt'n verwest
mit meinem holden Darmgestank
frei entwichen zwischen Hose und Bank
nach langem Bad in Cabernet und Merlot
und auch Malvsija dieser sauren Krot

Wie schmecken mir die Skampis gut
und Vinos weiß wie Flieder, rot wie Blut
Sehr hedonistisch diese Flausen
die in meinen Ganglien hausen
Manchmal brauch ich solche Orgiens
sonst kommt Stillstand eines Morgiens

Wie mir ein Viertelpfünder kürzlich dort entwich
dacht ich selbstverständlich gleich an dich
Du hättest sicher fromm im Duo mitgefürzelt
und Istriens Weiten duftend fein-gewürzelt
Sollt' ich mich da irren? Mit nichten
wir werden's uns schon wieder einmal richten

---

[14] 19. Mai 2016 aus der Gegend um Umag

Gruß aus Krk[15]

Aus Nebeln steigt empor der Morgen über dem Meer
und verwandelt sind die Sorgen zu freudiger Wiederkehr

Weit draußen an den Gestaden erahnst du die Ewigkeit
und ruhst im Augenblick des Stillstandes jeglicher Zeit

So fraumelst du in den Tag und tauchst in die salzige Flut
und fühlst den großen Sinn des kleinen Wortes – „Gut"!

Replik des Freundes[16]

Ach du Romantiker vorderster Front
Wie sprichst Du mir aus meiner Seel
Hast das wohl immer schon gekonnt
Viele Jahre machtest daraus ein Hehl
Jetzt bricht's durch - Gestaden besonnt
Ohne Umkehr, und zotigem Krakeel
Fraumle mir nicht zu viel von unserem
MARE NOSTRUM und dem Malvasija weg,
Du Saukerl!

---

[15] am 07. Juli 2016 Ferngruß vom Fraumelfamulus! Von Peter Bönsch an Hannes
[16] HANNES an Peter Fürstenbrunn 7.Juli 2016

Der lesende Philosph[17]

Kampfesspuren im Hundenapf
Augen wundernehmend
Buch in knöchrigem Griff
Kaffee, Zigaretten, Wein gekühlt
Anblick der weilt und teilt
Hochgradige Unschärferelation

---

[17] Bezieht sich auf Hp's Foto im Garten vom 16. 9. 2016, Peters „Poesie und Malerei" in Händen

Der Wanderer[18]

Warum die Liebenden wecken
Wenn ein stiller Ort mich ruft?

Keine Hände die mich tasten
Keine Lippen die mich freu'n

Keine Stimmen die mich halten
Wenn ich friedlich, Zug um Zug
Die Körperlichter lösche

Denn, wenn die Zeit gekommen,
Lasset still den Wanderer zieh'n
Erhebet eure Hand zum Gruß

Küsset mich ein letztes Mal
Und gönnt mir getrost die Ruh'
Meine letzte Arbeit recht zu tun

---

[18] September 2016

Kleid der Sehnsucht[19]

Hochgenuss in Reinkultur
Ich wünschte dich jetzt bei mir
Die Wonne fortzusetzen
Den ganzen regnerischen Tag
Bis zur Erschöpfung matt

Sehnsucht hat mich voll im Banne
Wie ein Kleid, das wohlig an mir klebt
Ich werd' es anbehalten
Damit ich heute noch dich spür'
Symphonie voll Wohligkeit und Pein

---

[19] September 2016

Lieber Tassati[20]

Mit dir lesat i
Mit dir trinkat i

An Frascati
Lieber Tassati

Mit dir lenkat i
An Bugatti

Mit dir essat i
Pomodori passati

Mit feine Spaghatti
Und dös zum Quadrati

Frei di Tassati

---

[20] 23. Okt. 2016 kurz nach der Lesung Hubert Tassattis im Literaturhaus Salzburg

Mezzelchruotli I.[21]

Ah Mezzelchruotli,
Brebopotzlis sunu!
heil! heil!
Ik gihorta dat seggen
dat dū giboran
in eittarig sweiz
deru erdmuoteren būhi

Hannes Stiegler: Mezzelchruotli
Acryl auf Leinwand. 2014

Klebrigen Schoße entsprungen
Schreitest du stolz
Vor wütender Schar
Erwürgst Frevler
Und Zauderer wirr
Wie trotziges Fleisch

Zügelst deine Herde
Mit scharfen Zähnen
Und ernährst dich
Nur selten zur Zeit
Kriechende Geier
Schänden das Land
Trinken das Blut

---

[21] Könnte ein führender Alewit sein, man weiß es aber nicht

Deiner darbenden Sippe
Trächtige Katzen krepieren
Wie gurgelnde Granaten
Panzerketten treiben
Furchen des Todes durchs Land

Blaue Steppen flimmern
Eisige Lieder im Chor
Rostige Tränen
Verätzen wüst dein Gesicht
Und brechen dein Herz
Das in hämmerndem Beben
Sich biegt und krümmt

Verwesung spürst du
In gespaltenem Leibe
Breitest deine kalte Haut
Schützend über dein Volk
Wie eine Glocke
Aus öligem Flaum

Die alles erstickt

Addendum[22]

Kunst oder Nicht-Kunst?
Verstehen oder nicht?
Das sind nicht die Fragen
Wirkt's oder wirkt's nicht?
Erhebt's oder erhebt's nicht?
Das sind die Fragen.

---

[22] Antwort auf Peter's Mail vom 1. Oktober 2016: Hi Hons, Habe heute mal im Internet geschaut, was so alles unter "moderne oder zeitgenössische Lyrik" zu finden ist. War erstaunlich. Bei den meisten "Werken" ist der dahinterstehende Sinn nur schwer erkennbar oder einfach gar nicht vorhanden. Also frug ich mich meist, was wollen diese Worte eigentlich sagen? Wortfetzen oder inhaltslose Wichtigmacherei im Deckmantel der Moderne? Manchmal scheint es, als ob die Ausdrucksweise der Sprache an einer schleichenden und unheilbaren Degeneritis leidet. Sprache, nicht als Mittel der Verständigung und somit des Verstehens sondern als fast schon lautmalerisch pseudointellektuelles Gefasel? Vielleicht bin ich aber einfach zu blöd und unmodern, weil ich halt die meisten „modernen" (Scheißwort!!) Gedichte einfach nicht verstehe, auch wenn ich mich noch so sehr bemühe und dahinter irgendeine Aussage zu entdecken? Aber vielleicht ist es ja gerade das? Vielleicht soll die „moderne" Lyrik gar nichts mehr aussagen, damit der Leser ausschließlich seine eigenen Fantasien hineininterpretiert? Oder gar: Si tacuisses, philosophus mansisses? Oder Reden ist Silber - Schweigen...blah blah...? Ja, und noch was: Bitte bloß keine Reime und kaum Verse mehr! Wer die Sprache allzu melodiös gestaltet oder sogar noch formt ist doch nicht mehr zeitgemäß - oder?! Daher bin ich froh, kein „moderner und zeitgenössischer Lyriker" zu sein, sondern nur ein einfacher Gedichtemacher, der dafür aber bei Tun seine bildhaften Gedanken mit der Poesie und dem melodischen Klang verbindet und einfach aus der Seele hinschreibt!

ANGST ANXIETY PEUR MIEDO PAURA ФОБО[23]

Ach was sitzen manch Ängste so tief!
Sie können töten
wie Bomben im Krieg.
Befreiung von Angst,
ultimative Aufgabe für alle Verzagten,
vom Kaukasus bis zum Finistère,
vom Nordkap bis Sizilien
Stärke, Selbstbewusstsein und Generosität,
Ruhe, Gelassenheit und Kraft,
kehrt mir wieder bitte wieder ein,
sonst wird kahle Wüste sein,
in unseren Gedanken und Landen.
Was nützt es den Suchenden,
wenn die Gefundenen so schwach?
A handful of insane heretics
will never have the power
to absorb our cultural delight.
Stand up against auto-destructive self-pity
just like a noble man
celebrating victory
in rest and peace!

---

[23] Oktober 2016

Bondage[24]

Ja, diese Bondage beim Lesen und Betrachten der Bönsch'schen Werke, sehr ejakulativ! Heftig gebeutelt und geschüttelt. HONSTHEJERK

---

[24] Anwort auf Fusskek's Mail vom Sonntag, 02. Oktober 2016 22:44
An: 'Peter Boensch'; 'stiegler hannes' Betreff: lala-lala
laut und heftig gelacht. s'gedichterl vom feinsten!
ob reim ob rum, nicht das thema ! wollt dir mein gfühl mitteilen, deine lyrik wirkt gefesselt auf mich ...ob modern oder sont was - völig wurscht. dann iss es auch gschmacksache, gepresste form zu mögen, ja ?

[dazu] morgenstern :
Inzwischen bachgeriesel saß ein wiesel auf einem kiesel-
warum tats dies tier?
das mondkalb veriet es mir im stillen,
das kluge tier tats um des reimes willen.

wen ich auch fragte, deine bilder sind unglaublich! da hast eine gabe, die weit über gute kunst hinaus geht. deine gedanken in der lyrik auch sehr tief, ja klar, und meine bemerkungen, gefesselt, sind längst keine abwertung, ganz und garnicht !

geh buam, treffen wir uns einmal ? was wär mit 19. okt. literatur-
haus, dort liest h. tassatti, lernt ihn kennen ! er möcht das sehr gern! bis dann, grad im zentrum orf 2, mit dieser so unglaublich bildungs-resistenten spö fünktionärin thurnh., ein wahn, .. diesmal kommt sie mit den andren nicht mit.. gut so.
lb.
grüße
hanspaul

Das Mangroven-Rätsel

Beda schreibt:

Drunt' im Walde der Mangroven
sitz ich rustelnd für mich hin
einer unter vielen Doofen
was macht das für einen Sinn

Sinn ist wenn doppelt Unsinn ist
gleich einer doppelten Verneinung was den Fraumler
sehr verdrießt
in der Bejahung seiner Meinung

Ja wenn Ihr das verstehen tut
hat Weisheit Euch erkaumelt
und tut' dem Literaten gut
der rustelnd in Mangroven fraumelt

Hons'sche Umdeutung:

Dort im Walde der Mangroven
Haust der Herr der Unterwelt
Züchtigt dreist verstörte Zofen
Bis Hades etwas runterfällt

Ich seh' es wirbelnd bodenwärts
Und frage nach dem Sinn
Spüre gleich enormen Schmerz
Weil ich die zweite Zofe bin

Die Erste und die Dritte
Ergießen sich in Taumeln
Und ich in ihrer Mitte
Hebe an zum Fraumeln

Und nun die Fragen zum Mangrovenrätsel:
Frage 1: wo befindet sich der Wald?
Hilfe zu 1: es ist nicht Griechenland
Frage 2: warum fraumle ich, obwohl ich enormen Schmerz verspüre?
Hilfe zu 2: Ich bin kein Koprophage

Peters Lösungsansatz zum Mangrovenrätsel:[25]

O Ioannes, der du weilest an den Brunnen der Fürsten! Salve!

Trotz, oder g'rad ob intensiven Grübelns ward es mir bislang nicht vergönnt, das Mysterium des Mangrovenwaldes zu solvere! Auf Seite 46 des Buches „Poesie & Malerei"[26] aber steht geschrieben, dass weder „Verloren" noch „Gefunden" gibt, sondern nur das „Suchen". Daher suche ich weiter und hoffe, nicht zu finden, was doch verloren gehen könnte. Die Lösung Deines Rätsels scheint mir daher in der eigentlichen Suche für sich zu liegen!

Grüß' mir den Hades und seine Zofen, der da weilt in den Mangroven! Gruß auch an Dich, Du zweite Zofe! Fern sei Dein Schmerz, der völlig doofe - erfraumle frisch am Brunnfürsthofe!

Petrus - (Sprach's, schrieb's und verfumfeit's).

---

[25] Oktober 2016
[26] Peter Bönsch. Poesie und Malerei. Norderstedt 2016

Antwort Hannes:

Obwohl ich mich auch noch immer auf der Suche nach der Lösung meines eigenen Mangrovenrätsels befinde, kann ich jetzt die Suche getrost aufgeben.

Dein vortrefflicher Lösungsansatz wird wahrscheinlich nur mit großen Schwierigkeiten zu überbieten sein.

Salve, GRATIAS MILIA, IOANNIS

Fortgang der Tochter[27]

In Liebe ersprossen
In Freude gehegt
In Obhut gezogen
Mit Sorge beäugt
Mit Hoffnung umsäumt

Jetzt da sie hinging
Bleiben Trauer und Leid
Die wir mit Euch teilen
Da wir sie gedeihen sahen
Sprießend und feiernd erlebten
Mit Euch und den Unsrigen
In glücklichen Zeiten

Wir sahen auch die Schatten
Die über sie kamen
Und sorgten uns mit Euch
Jetzt, da sie die Schatten gelassen
Freut Euch auf das Licht
Das sie dort drüben empfängt

---

[27] Kondolenz zum Tode Heidi Vogls (✝ 19.09.2016) an die Familie Vogl Raimund, Uschi und Julia

Gonokokkenschuss[28]

Meine Tennisschläger-Anbrunzung damals in Zell am See hat sich wohl tief in Eure kleinkarierten, kommissverseuchten 22er-Haus Seelen eingebrannt. Ich war mir damals gar nicht bewusst, wie tief ich Euch mit meiner Schubladen-Urinspende getroffen habe. Reinhard war sein Leben lang darob heftig traumatisiert, wie er mir mal ganz intim beichtete.

Keiner von Euch hat bis jetzt aber verstanden, dass ich damals nicht Eure empfindlichen Seelen verletzen wollte, sondern es einzig allein um die dringend notwendige Spontanausscheidung tief sitzender, lästiger Gonokokken ging. Staubiges Kommodenmilieu ist ja bekanntlich für Gonokokkenbrut die denkbar letalste Umgebung. So verschmolzen sie wimmernd und sterbend mit den ärmlich durch die Dachluke blinkenden Sonnenstrahlen. HONSTHEBRUNZ

---

[28] Oktober 2016: Antwort auf Peter's Mail vom 30. September: Betreff: Fw: Aw: was kann kunst, kann kunst was ? Mal sehn, was der Tassati so macht? Im Dunst der Kunst aufs Buch gebrunzt?

Naja, auf'n Tennisschläger is a a Kunst, as you know, gelle?!   Inbrunstiges Gunstgerunze! Peda

Menüvorschlag für alte Freunde[29]

Mein Vorschlag bezog sich ursprünglich ja nur auf ein „Ob-Überhaupt-Euerseits-Willkommen". Genaue Uhrzeit wäre zweiter Schritt gewesen, der ja bereits erfolgt ist. Siehe heutiges Mail.
Es grüßt
Euer Giovanni Dentice[1]

[1)] Ich hoffe, Ihr kennt den Dentice. Es wird wahrscheinlich auch der Marlon Branzino dabei sein, mit vorherigem Amüs Göl[2], versteht sich.

2) Das bekannte etruskische Ameisen-Gel garniert mit pelle di vipera grillata e polverisata[3]

3) Das ist eine Art Schlangenhautpulver aus Stiegler's Molecular Kitchen[4]

4) Stieglers Molukken-Küche

---

[29] Antwort auf Mr. Horst Wiesner's Mail vom 30. September 2016:
Köstlich!
Dein Terminvorschlag „...irgendwann Mittags" (sic!) erinnert mich irgendwie an Jaroslav Haseks Schwejk: „... nach dem Krieg um halb sechs im Kelch"
Die Idee ist großartig. Werde den Kopf-Kollegen zunächst aufklären, dass „Branzino" nicht mit Vornamen Marlon heißt und auch kein Schauspieler ist (ich muss dem alles erklären). Auch bei „Seefood" habe ich meine Bedenken, sonst glaubt er womöglich, er soll sich was anschauen…..
Aber dann werden wir sicher **gerne** kommen!! Melde mich bzw. werde Kontaktnahme veranlassen! Horst

Seafood

Jetzt seh' ich grad mein „**SEEFOOD**"!
Lapsus linguae horribilissime!
Hatte aber doch was Gutes an sich

Nämlich: Deine köstliche Glosse auf die Fehlsichtigkeit unserer Sieglinde
Was muss das für ein armes Ding sein!
Sieht nix, hört nix, versteht nix!
Das wird eine Aufgabe werden, am Freitag.
Reden wir halt laut, gut artikuliert und vor allem DEUTSCH miteinander,
sonst haben zu viel Pädagogik im Schmause

EUER PISCIFIX 10 2016

Was fehlt[30]

Unglaublich lupenreines Fekalgespinst,
verfumfeitstes
Fehlt möglicherweise doch das Gekacke
HONSTHEKÄCK

---

[30] Antwort auf Peters Gedicht per Email vom 1. Okt 2016

Ruprunzel

Wes schreit und bäumt
kehrt ausgelaicht
im Tümpelschleim?
Brich Blase auf
spei kotzend aus
im Krötenhain
Kriech in den Schlund
gut Drüsenmüpf
Kloakenschwein
Dann riecht der Sumpf
nach deinem Aas
Ruprunzelein.

usw...
Ja, ich könnt' es auch kacken lassen! Will aber nicht!
Dein PeBoe, Lyriker der Unmoderne

Dionysos an Aphrodite[31]

Lass ihn doch Hephaistos sein
Der an deiner Haut sich brät
Nimm ihn in die Mitte dein
Sodass dein Krater übergeht

Lavaflüsse sich entfesseln
Triefen heiß aus gierig' Schlund
Brennen stark wie Satansnesseln
Wandern dann von Mund zu Mund

Flammenmeer die Seele spült
Scharfe Spitzen sengen Blut
Ganzer Orkus aufgewühlt
Brüllt wie Neptuns lüstern Brut

Schwingend Spiel aus Peingenuss
Erregt gar mächt'ge Wogen
Vereint zwei Barken ohn' Verdruss
Am End' zur Ruh gezogen.

---

[31] November 2016

Advent[32]

Adventschaas ist schon voll im Gange
An allen Ecken und Enden

Christkindlmarktverschandelung
Eines ganzen schönen Landes
Nimmt disneyeske Züge an
Bräuche verkommen zur Monströsität.

Dem Heiligen Zwietrachtsabend
Zitternd entgegenschaudernd
Werde ich wohl das Neue Jahr
Wieder mehr kriechend als jellend erheischen
Bis dass der Tod mich scheidet.

---

[32] Dezember 2016

Schloss Funkelbrunn bei Salzburg[33]

Rot bemascherlte Christbäumchen
vermiesen Anblick auf ruhendes Frustschloss
Schockrote Kugeln blitzen im Geäst
trist träumende Platanen spiegelnd

Ein Teufel seit Wochen schon versucht
im fischlosen Forellenbächchen
sisypheisch auf einem Floß überzusetzen
Stille steckt er fest in teuflischem Wahn

Hängt doch glatt ein Sack auf der Ulme,
mit fahler Krampusmumie
Und hinten, verschämt,
ein gehörnter Gesell, am Wagenrad erhängt

Und da wieder Nikolaus,
auf schmucker Kutsche mit Gummipneus
Dahinter schwarze Gesellen,
die gähnend im Efeu ertrinken.

---

[33] Dezember 2016 – Spaziergang durch Hellbrunn zur Adventszeit

Daneben ein Weißgeißkrampus
Zu beschämt, um Schrecken zu verbreiten,
wendet krümmend sich ab
und reinigt sein qualmendes Huf

Dann wieder diese lieblichen Krippen
aus denen Heimlichkeit schreit,
gefangen in wurmstichigen Holzrahmen
hinter dunstbeschlagenem Glasverbauten

Häslein klein für die Weihnachtstafel
tummeln schwarz-weiß gefleckt,
mit schroffen rosa Löffeln sich
und laben sich am Silo Heu

Ach was sollen diese Schweinchen hier,
die grunzend Sittikus Erde vergellen,
eingepfercht von einer Armee
massakrierter Fichtenbäumchen?

Sogar das bretonische Bergschaf
erfreut sich funkelbrunn'scher Gefilde
und lenkt seinen stumpfen Blick
hin zur Kasperlhütte

Für Kinder, die dort deponiert werden,
wenn Eltern Glühweinstände ansteuern,
um sich gierig an zuckrig-fuseligen Brühe laben
Das gehört dazu zur lieb-schaurigen Szenerie

Gleich links bei den Wasserspielen,
fichtenstummelgesäumt, eine Backstube,
die emsig Tiefkühlteiglingen
aus dem Nordosten zu kurzem, reschen Leben verhilft

Schön und gediegen,
wie die Bächlein ohne Fische
Ihnen ist wohl zu kalt,
um auszuschwärmen

Und vom Eingang zum Schlosshof
schwirrt diffuses Engelgezirp
aus versteckten Schallsystemen
abgestumpftem Besucherstrom entgegen

Der ganze Schlosshof,
ein Massengrab von Fichtenkindern
In Reih' und Glied
dem Konsum geopfert

Krippenfiguren krümmen sich
in künstlichem Harfenklange
Engelhaar, Fäustlinge fein und Schalgebilde
harren der Verteilung

Hundertfach Gehänge aus Sternchen,
Stroh und Lebküchleins
zum Einfangen des Staubes
in den Wohnungen daheim

Kasperlhütte und Zaubergarten
mit herb-süßlichen Fensterläden.
Und Plastikgirlanden
zittern im Nebelgeflirr

Und hier, ein altehrwürdiger,
patinöser Hörndlschlitten
Ärmst vergewaltigt,
von metallisée-farbenen Glanzpäckchen

Da schau, die Sau
im ondulierten Afrolook
Noch nie gesehen in unseren Breiten,
dieses Zwergengewächs. Mangalitza wohl.

Und da, vor der barocken Gartenverwaltung,
wieder schöne Packerl mit Mascherln
und dahinter eine Bambifamilie,
direkt aus dem Dekorationsbedarf

Davor der kleine Planen-bedeckte Bummelzug,
der wohl das überbordende Wochenende erwartet,
um mit wimmernden Kindern
seine schrummenden Runden zu ziehen

Ach, wie treibt dieses weiße Eselein
das Schwarze vor sich her,
schlau und listig vor sich hin blinzelnd,
während die Sonne müde über den Untersberg schrammt

Hier, eine amputierte Fichte,
mal mit blauen Kügelchen
verschiedenster Monströsitätsgrößen,
in feinster Gestalt

Da! Ein schlauchartiges Gebilde in Girlandenform,
das zitternd leuchtet
Welch glorioser Anblick!
Erstaunt den schlaffen Gast

Ein gediegener Buchenholz-Stapel
hat sich in einer Ecke verloren,
überhäuft mit glänzenden Päckchen
ohne merklichen Inhalt

Und dort wieder, ganz zerdrückt,
ein ehrwürdiger Schlitten,
der gewiss einstmals seine Arbeit verrichtete,
beim winterlichen Holzen in heimischen Wäldern

Und jetzt vorbei an Speck- und Fischbuden,
die beim Nähern ein Aromduett versprühen
Ein bisschen brunzelt es schon durch die Sphären
Das kann man frank und frei vermelden

Und da ein Stand mit Edelbränden und Likören
Hier wieder Säfte, Kerzen, Essenzen und vieles mehr
Möglicherweise könnte man sie ja einmal brauchen,
sofern man sie nicht vorher schon entsorgt hat

Da schau, eine Herde
aus mittelgroßen und kleinen Rentierchen,
aus undefinierbarem Material
Und Krippen, immer wieder Krippen

Und jetzt, beim Verlassen des Schlossgevierts
fällt der gejagte Blick auf eine Lounge
Eine X-Mas Lounge!
Lachs und Prosecco, Wein und Gin werden da geboten

Rattanstühlchen, indirekt beheizt,
hinter trotzenden Steinmauern
Stehfässer mit schmucken Laternen,
die wohl seit Tagen auf Gäste warten

Unmöglich, einfach unmöglich,
beim Marmorhund mit dem polierten Schädel vorbei,
ein Sonnenplätzchen vor der Orangerie zu finden
aufgereiht, nickend Ruhende, im Starreblick

Jetzt hin zu den Teichen
Und jetzt erscheint er - der Riesenengel,
wohl an die neun Meter hoch,
aus der Mitte der Teiche wachsend

Eisern steht er da, kraushaarig
in gewundenem Gerippe
Eine goldene Glocke in der Rechten
Von sonderbaren Klängen umsäumt

„Der Engel von Hellbrunn" sich spiegelnd im Karpfenteich.
Foto: Hannes Stiegler

Mummige Teichkarpfen tanzen
zu Engels sphärischen Klängen
In stumpfen Endlosschleifen.
Ein süß-himmlisches Gebräu

Laut Inschrift eine Lichtfigur im Nebelkleid,
Symbol für Liebe, Frieden, Brauchtum und Kultur
Materialschlacht aus verzinktem Stahl,
lackiert, 780 Kilogramm, 55 Wasserdampfdüsen

Und jetzt am letzten Teich,
von Trakl so trefflich in Szene gesetzt,
bei den Bänken angelangt, erfreue ich mich
des Anblicks manch scheinwerferbewehrter Alleebäume

Voll Ehrfurcht vor der dominanten Engelsgestalt
stecken die Entchen ihre Köpfchen tief ins Gefieder
und verzichten wohl auf den turmhoch verbauten Blick
auf das aus der Perspektive verschwundene Schloss

Der pralle Arsch des Engels erinnert an Marilyn
Den Stören aber, im hintern Teich, ist das völlig egal
Ihnen scheint jahrein jahraus alles egal zu sein
Auch wenn dieses Drahtgeschöpf dalieske Züge trägt

Das Monster gibt dann doch,
die Rippen wohl durchdringend,
den Blick auf manche Alleebuchen
und verstreute Ginkgobäume frei

Am liebsten gäbe ich dem Engel
ein Sandküberl mit Schauferl in die Hände
Vielleicht würde er sich bücken und mir,
den Monroe Arsch zeigend, mit dem Kiesel spielen

Die kleinwüchsigen Stiefmütterchen
trotzen dem kalten Winde genauso
wie dem Anblick der klobigen Weggestalt
und den seltsamen Klängen aus dem Engelsfuß

Aus ihrem frostigen Bette ertragen sie diese wilde Jagd,
die bald in den Depots der emsigen Gewerke
verschwunden sein wird,
um im nächsten Jahr wieder ungezügelt auszuschwärmen

Anhang

Fahrt zum Brennpunkt meiner Seele
Kurzgeschichte

Das fiebernde Kind klebte schweißgebeutelt an Mutters Brust als diese die großen Flügeltüren des Krankenhauses aufstieß und schrie: „Mein Kind stirbt, schnell ein Arzt!". Mein geliebter Bruder Hans-Peter war nach einigen unerbittlichen Fieberattacken an diesem Tage in tiefste Apathie verfallen. Als er im Krankenhaus ankam, schien er der Ohnmacht näher gewesen zu sein als dem Leben, das er so geliebt hatte. Seine dünnen Arme und sein hohlwangiges Haupt baumelten unkoordiniert von Mutters Brust als sie ihn endlich auf einem Transportwagen in der Aufnahme platzieren konnte. Als sie immer noch aus Leibeskräften nach Hilfe rief, ertönte lapidar eine Stimme hinter dem Notaufnahmeschalter: „Bitte beruhigen Sie sich und kommen Sie vor zum Schalter. Und füllen Sie dieses Formular aus!". Außer sich vor Panik hämmerte Mutter wie betäubt gegen die Glasscheiben des Schalters und rief immer wieder „Er stirbt mir weg, er stirbt mir weg!" Sie rufe gleich einen Arzt, sagte die Bedienstete, mehr indigniert als betroffen und schob Mutter ein Formular durch die schmale Öffnung entgegen.

Als Mutter ihren Namen und den Namen meines Bruders flüchtig auf das Formular hinwarf, war Hans-Peter schon tot. Was dann geschah sollte sich unauslöschlich in meinem Gedächtnis einnisten und die tiefsten Bereiche meiner jungen Seele mit einem lähmenden Bann belegen. Mit total entstellten Gesichtszügen und hervorquellenden Augen schrie Mutter mich plötzlich an ich solle mich aus dem Foyer entfernen. „Geh weg! Geh weg! Du Mörder, du dummer Mörder! Auf was wartest du noch. Geh einfach!"

In diesem Augenblick wusste ich nicht, ob ich am folgenschweren Tode meines Bruders oder an den brüsken Worten meiner Mutter zerbrechen sollte.

Ich sollte mich aber von beiden Tatsachen mein Leben lang nicht mehr richtig erholen. Ich machte kehrt um und lief geradewegs über die rauschende Straße, ohne auf den dröhnenden Verkehr zu achten und steuerte irgendwie automatisch den Uferbereich des dreckigen Flusses an.

In zusammengekrümmter Stellung zwängte ich mich in eine rostige Stahlröhre, in der es nach Unrat, Kot und Urin roch. Ich weiß nicht wie lange ich dort fröstelnd und wimmernd lagerte, aber es herrschte rabenschwarze Nacht als ich abrupt aus meinem Traum gerissen wurde. Ich vernahm aus der Ferne das mir vertraute Bellen unseres Boxers Tiny und verspürte kurz darauf dessen weiche und speicheltriefende Lefzen auf meinen Wangen. Vater, der mich seit Stunden gesucht hatte, zerrte mich unsanft am rechten Arm aus meinem Versteck und rempelte mich, ohne ein Wort zu sagen, höchst unsanft in unseren alten Ford. Tiny saß neben mir und suchte mit seinen aufgeweckten Augen meinen erschrockenen

Blick. Er neigte seinen Kopf mal nach links und mal nach rechts als wolle er mich fragen, was denn mit mir los sei. Im selben Augenblick spürte ich seine feuchte Zunge über mein ganzes Gesicht ziehen, worauf Vater „Tiny! Aus!" schrie.

Zu Hause angekommen, würdigte mich Mutter, die im Wohnzimmer zitternd am Sofa kauerte, keines irgendwie gearteten Blickes. Sie saß unter der altmodischen Stehlampe und starrte ins Leere. Vater zerrte mich, wieder ganz unsanft, als wolle er mir meinen fragilen Arm ausreißen, durch den Korridor ins Bad und befahl mir barsch, mich zu duschen und dann ins Bett abzuhauen. Langsam wurde mir in dieser Nacht bewusst dass ich an jenem Tag meinen geliebten Bruder und wohl auch meine Eltern verloren hatte.

Im Zimmer war es schummrig und kalt. Die Bettdecke war aber warm genug, um mich schwänzelnd unter ihr zurückzuziehen und tief atmend auf die Zimmerdecke starren zu können. Ich verfolgte gebannt das zitternde Muster des Vorhangs, das sich im Schein der Straßenlaterne auf der Zimmerdecke reflektierte. Ich fixierte das geheimnisvolle Spiel von Licht und Schatten so intensiv, dass mein Starren in wilde Träume versank. Ich sah verschwommen die verrostete Baustahlfabrik aus der Zimmerdecke hervorwachsen und hörte alsbald die Schreie meines Bruders als er rücklings von unserem Versteck im ersten Stock auf die Gleisanlage fiel, sich aufbäumte und kaum vernehmbar vor sich hin röchelte. Ich sagte ihm, dass ich Hilfe holen wollte, aber er konnte meine Worte wohl nicht mehr hören. Nun hatte ich mit meiner ausgeprägten Abenteuersucht unheilvolle Türen des Martyriums für mich und meine Familie aufgetan. Aller Warnungen meiner Eltern zum Trotz war ich mit meinem Bruder Hans-Peter, der zu jener Zeit gerade sechs Jahre alt geworden war, immer wieder in die aufgelassene Fabrik eingedrungen und hatte mit ihm jeden Winkel dieses Industriebollwerks inspiziert. Jetzt stülpte sich mein Innerstes nach außen, ich zitterte, bebte und stand stammelnd vor meinen Eltern. Sie ahnten, dass etwas Schreckliches passiert sei und schrien nur „Wo? Wo?". Ich war wie paralysiert und konnte meine ausgetrockneten Lippen nicht bewegen. Nichts kam heraus als: „A….. a….!" „Alte Fabrik?" riefen Vater und Mutter und liefen sogleich los, durch die Parkanlage direkt zum Fabrikgelände.

Ein vorbeifahrender Lastwagen löschte abrupt das Licht- und Schattenspiel am Plafond und riss mich aus meinem Erinnerungstraum. Ich brach sogleich in Tränen aus und heulte mich trauertrunken weiter in einen ruppigen Schlaf.

Lange kann die Schlafphase nicht gedauert haben. Beim Aufwachen zitterte ich vor Kälte und Erschöpfung am ganzen Körper. Immer wieder blendete sich die Leidensgeschichte meines um sieben Jahre jüngeren Bruders in meine Trauer ein, die sich alsbald in seltsame Ruhe, Zufriedenheit und verhaltene Freude umwandelte. Die monatelangen Schmerzen meines

Bruders, die zahllosen Wirbelsäulen OP's, die Sepsis, die Fieberschübe, die Antibiotikatherapien, die allesamt sinnlos waren, das Abmagern zum Schein seiner selbst, hatten nun endlich ein Ende gefunden und in meiner Familie sollte nun eigentlich Ruhe einkehren. Ich sollte mich in dieser Hoffnung aber grundlegend getäuscht zu haben. Dem monatelangen Martyrium meines Bruders sollte ein jahrzehntelanges, auf mich zentriertes Martyrium, durch meine völlig verständnislosen Eltern folgen.

Als sie mir schließlich, gleichsam als Kardinalstrafe, versagten, am Begräbnis meines Bruders teilzunehmen, brach mir dies schier das Herz. Sie schlossen mich an jenem Tage zu Hause ein. Ich empfand dies als die größte Entwürdigung in meinem Leben, dass sie mir mein Recht nahmen, mich öffentlich von meinem Bruder zu verabschieden. Mein Puls raste, meine Fäuste trommelten gegen die Wohnungstüre als sie das Haus verließen. Ich hastete zum Küchenfenster und flehte nach unten: „Bitte nehmt mich mit! Bitte nehmt mich mit!" Mit indifferenter Mine bestiegen meine Eltern den Wagen und fuhren, ohne mich weiter zu beachten, zum Friedhof. Der Raserei folgte alsbald Hass, Verachtung und eine grauenhafte Leere, die sich wie eine düstere Wolke über die folgenden Jahre meines Lebens stülpen sollte. Ich erduldete fast teilnahmslos und innerlich leer die kaum zu ertragende Kälte meiner Eltern bis zu meinem siebzehnten Lebensjahr.

Die Nachricht von ihrem tödlichen Unfall im September 1965 erreichte mich bei Tante Frieda, wo ich während meiner Studienjahre untergekommen war. Meine Eltern hatten sich nach meiner Buchdruckerlehre entschlossen, mich nach Wien in eine weiterführende höhere Schule zu schicken. Ich sollte während dieser Zeit bei Tante Frieda, der hageren Schwester meines Vaters, in einer „Zimmer-Küche-Kabinettwohnung" im 5. Bezirk wohnen. Eine schattige Souterrainwohnung, wo ich auf dem verbeulten Sofa im Wohnraum schlafen konnte.

Tante Frieda rauchte trotz ihres fortgeschrittenen Alters wie ein Schlot, sah ständig fern und bot mir keine Möglichkeit, mich zurückzuziehen. Ich wusste vom ersten Tag an, dass ich unter diesen Umständen niemals die Matura machen wollte und konnte.

Nach den ersten Semesterferien zu Hause brachten mich meine Eltern mit dem alten Ford wieder zurück zu Tante Frieda in das dunkle Verlies. Trotzdem erschien mir das Wiedereintauchen in diese Kleinbürgeratmosphäre zu jenem Zeitpunkt mehr als Erleichterung denn als Pein. Die Ferientage bei meinen Eltern zu Hause hatten mich in ihrer frostigen Atmosphäre erdrückt und ich wünschte, nie mehr wieder in diese Kälte zurückkehren zu müssen.

Fakt war aber, dass meine Eltern nicht mehr lebend von Ihrer Wienfahrt zurückkehren sollten. Sie waren in der Nähe von St. Pölten beim Überholen frontal gegen einen Brückenpfeiler geprallt und fanden einen jähen Tod. Das Begräbnis meiner Eltern lief neben mir ab. Ich folgte dem kümmerlichen Kondukt teilnahmslos, schon ganz in Gedanken an meine baldige Volljährigkeit versunken. Nachdem ich bereits im folgenden März meinen achtzehnten Geburtstag begrüßen konnte, entschied ich mich noch dort, am frischen Grabe meiner Eltern, die Schule ab sofort abzubrechen und gar nicht mehr nach Wien zurückzukehren.

Ich wohnte nun alleine in der Mietwohnung meiner Eltern, die ich aufgrund der vertraglichen Bestimmungen übernehmen konnte, regelte meinen Ausstieg aus der Schule und stieg als ungelernte Hilfskraft in die Gastronomie ein. Ich kannte einen Lokalbesitzer in der Innenstadt, der mich als Barkeeper und Aushilfskellner einsetzte. Die Arbeit war zwar anstrengend, machte mir aber Spaß und ich konnte die Miete für die Wohnung bezahlen.

Meine Stadt wurde mir aber bald zu eng und ich verdingte mich kurz darauf auf Kreuzfahrtschiffen und Lokalen in München und Hamburg und irrte mehr oder weniger verhalten in der Welt herum. Nach zwei gescheiterten Ehen, mehreren Operationen und Aufenthalten in Nervenheilanstalten erreichte ich glücklich das Pensionsalter und zog wieder in die Dreizimmerwohnung meiner Eltern, die ich zwischenzeitlich an einen Freund untervermietet hatte.

Während meines ganzen Lebens hatten mich die Schatten der Vergangenheit immer wieder mit voller Wucht eingeholt. Als ich wieder unsere angestammte Wohnung bezog, sollte die Tragödie mit meinem Bruder wieder aus meiner verletzten Seele hervorkriechen und mein Alltagsleben überschatten. Er war in meinem bewegten Leben der einzige Mensch gewesen, bei dem ich das Gefühl hatte, akzeptiert und geliebt zu werden. Dass er schlussendlich durch meine Unvorsichtigkeit sterben musste, begleitete mich während der letzten vier Jahrzehnte Tag und Nacht, Nacht und Tag. Immer wieder erschien er in meinen Träumen und versuchte mir Worte zuzurufen, die ich nicht verstand. Ich wünschte jeden Tag, jede Nacht, ihn wenigstens noch einmal in den Armen zu halten, mit ihm über die Wiesen zu streunen und mit ihm immer wieder neue Winkel in der alten Fabrik zu entdecken.

Mehr und mehr wuchs in mir der feste Wunsch, ihm nachzufolgen. Die Gedanken an diese unbeschwerte Zeit ließ mich nicht mehr los. Da ich sie nicht mehr zurückholen konnte, wollte ich Schluss machen. So entschloss ich, mit meinem Nissan auf die Autobahn zu fahren und mit Höchstgeschwindigkeit genau in jenen Brückenpfeiler zu rasen, an dem meine Eltern vor fast fünfzig Jahren ihr Leben verloren hatten. Ich entschied mich, dass mein Abgang an einem Sonntag stattfinden sollte, wo der Verkehr etwas schwächer sein würde, sodass durch meine Wahnsinnstat keine Unschuldigen in Mitleidenschaft gezogen werden würden.

Am Samstag vor dem Tag „X" schrieb ich automatisch eine Art Testament, in welchem ich meine bescheidenen Ersparnisse Tante Friedas Sohn (Großcousin Gerhard) mit der Auflage vermachte, für ein angemessenes Begräbnis und alle sonstigen erforderlichen Maßnahmen zu sorgen, die mich aus dieser Gesellschaft für immer löschen sollten. Zum Frühstück las ich, wie gewohnt, meine Tageszeitung und stieß unter „Diverses" auf eine sonderbare Anzeige:

„Netter Herr mit Auto für private Fahrten gesucht" ✆ *0690 3511237*

Irgendwie fesselte mich dieses Inserat. „Ein Auto hätte ich ja, etwas Taschengeld könnte ich brauchen und der Kontakt zu einem Herren oder etwa einer (vielleicht gut situierten) Dame könnte doch etwas Licht in meine Betrübnis bringen. Ich vergaß für einen Augenblick meinen Plan für den nächsten Tag, sammelte mich, ergriff mein Mobiltelefon und wählte die angegebene Nummer. Es meldete sich eine Dame, die mir eröffnete, dass sie für ihren Gatten fallweise einen Chauffeur suche. Nähere Details könnte ich erfahren, wenn ich heute noch vorsprechen könne. Es hatten sich schon einige Leute gemeldet. Ich sagte zu, gleich wegzufahren, war doch die angegebene Adresse nur einige Straßen von mir entfernt. Ich dachte in diesem Augenblick gar nicht mehr an meinen sonntäglichen Abgang und auch nicht im entferntesten daran, dass mir diese Begegnung eine entscheidende Lebenswendung geben sollte.

Bei der Familie angekommen wurde ich freundlich eingeladen, doch im Wohnzimmer Platz zu nehmen. Der Herr des Hauses, offensichtlich behindert oder krank und im Rollstuhl sitzend, empfing mich mit einem milden Lächeln. „Hans-Peter mein Name, sehr angenehm!", entglitt dünn seinen schmalen, ausgetrockneten Lippen. „Ah, Hans-Peter! Wie mein Bruder!", konnte ich mir nicht verkneifen zu antworten. Sein Körper war extrem hager. Als er sich stöhnend aus seinem Rollstuhl gequält hatte, stand vor mir eine krumme Gestalt, die mir ungelenk gestikulierend den Weg zur Sitzecke wies. Einzig seine Augen, die mich, außer seinem gleichlautenden Namen, an meinen Bruder erinnerten, schienen eine ferne Lebenslust auszudrücken. Mithilfe seiner stangendürren Arme arbeitete er sich auf das mir gegenüberstehende Fauteuil vor und sackte unbeholfen in sich zusammen. Er sah mich gleichsam geniert und Vertrauen suchend an und begann seine Geschichte zu erzählen.

Noch vor einem Jahr war er der beste Bergläufer des Landes gewesen, voller Kraft und Hoffnung, bis zu seinem Sturz in einer steilen Geröllhalde. Er hatte sich eine Wirbelverletzung zugezogen und musste operiert werden. Die OP war insofern erfolgreich, als dass die angebrochenen Wirbel kunstgerecht wieder repariert wurden. Leider waren aber die Folgen des Eingriffs fatal. Aufgrund einer Sepsis kamen die Schmerzen schlimmer als zuvor zurück und er begann an Fieberschüben zu leiden. Sein Rückenmark wurde nach Aussagen seines Hausarztes buchstäblich von Bakterien zerfressen. Trotz massierter Antibiotikainfusionen und mehrmaligen Krankenhausaufenthalten verschlimmerte sich sein Zustand so sehr, dass er fast die Hälfte seines Körpergewichts von 88 Kilo verloren hatte und er keine Lebensqualität mehr hatte.

Konkret ginge es um eine Fahrt in die Schweiz, in eine Spezialklinik. Ob ich ihn nicht für die Summe von tausend Euro in diese Klinik bringen könne, fragte er mich. Weder seine Frau noch seine Tochter kämen aus beruflichen Gründen für diese Fahrt in Frage und ein Flug wäre andererseits für ihn undiskutabel. Er brauche einem starken Mann und ein Auto, das für einen zusammenklappbaren Rollstuhl genug Platz bieten konnte.

Während seiner Schilderung blickte ich gespannt auf seine dürren Lippen und dann wieder auf den sanft wogenden Vorhang hinter ihm. Wirbelsäule, Sepsis, Antibiotika usw. all das kam mir äußerst bekannt vor. Auf diese Weise war mein kleiner Bruder vor Jahrzehnten elendiglich zugrunde gegangen. Mein Entschluss stand fest, ich musste diesem Mann einfach helfen. Ich sagte spontan: „Ich mache die Sache, wenn Sie einverstanden sind. Wann soll's losgehen?"

Zwei Tage später befanden wir uns auf der Autobahn nach München, um nach Basel zu gelangen. Auf den ersten einhundert Kilometern erwies sich mein Fahrgast als schweigsamer, nachdenklicher Zeitgenosse. Er blockte jedoch meine mehrmaligen Gesprächsversuche ab und starrte während der Fahrt ins Leere. Dann und wann sackte er mit schmerzverzerrtem Gesicht in sich zusammen und bäumte sich dann wieder ächzend auf. Nach weiteren einhundert Kilometern blieben wir an einer Raststätte stehen und kämpften uns gemeinsam in die Toilettenanlagen vor. Hans-Peter bestand darauf, sich mit seinen Krücken fortzubewegen. Er bat mich aber, ihn bis auf die Toilettenanlagen zu begleiten, um ihm bei seinen Bekleidungsaufgaben zu helfen. Dann zog ich mich kurz zurück und betrachtete mich im Spiegel. Ich erblickte einen erschöpften, alten Mann, dem ich Mut zusprach. Darauf brachte ich mein verwirrtes Haar in Ordnung und wusch mein müdes Gesicht mit ein paar Händen voll kalten Wassers. „Was für ein Tag, was für eine Situation!" „Was erwartet mich da noch bis wir am Ziel angekommen sind?", dachte ich. Im selben Augenblick hörte ich ein leises Wimmern aus der Kabine im Toilettenbereich. Ich stieß die Türe auf und Hans-Peter lag in Embryostellung am Fliesenboden. Er war beim Versuch, sich mit den Krücken aufzurichten am schmierigen Boden ausgerutscht. Da lag er, handlungsunfähig, wie verknoteter Seetang nach der Ernte. Ein Bild des Jammers! Meine bescheidenen Kräfte reichten aus, ihn wieder auf die Beine zu bekommen. Er klagte über bohrende Schmerzen am ganzen Körper und verlangte nach einem Glas Wasser, um seine schmerzlindernden Pillen, die er in seiner Jackentasche aufbewahrte, einzunehmen. Ich postierte ihn deswegen auf einer kleinen Sitzbank und hieß ihn, Ruhe zu bewahren. Ich holte in der Zwischenzeit den Rollstuhl, dann sein

Wasser und wartete, bis sich sein Zustand stabilisierte. Er sah ein, dass er sich in Hinkunft nicht mehr mit den Krücken so weit bewegen sollte. Ich zerrte ihn dann von der Bank hoch. Als ich einen Moment nicht achtsam genug war, krachte er unsanft in den Rollstuhl und ließ sich vom mir erschöpft zum Auto fahren.

So schlugen wir uns etappenweise bis 100 Kilometer vor Basel durch. An jeder Raststätte schien mir, dass er mehr und mehr verfiel. Nach der vierten Raststätte und der achten Tablette, kam was kommen musste. Er übergab sich unmittelbar nach Erreichen des Areals unter heftigen Krächz- und Würgelauten. Ein kurzer, schwarzer Tee, von dem er widerwillig nur einen Schluck nahm, sollte ihn etwas erfrischen, dachte ich. Sein Zustand verschlechterte sich aber zusehends, sodass ich zu zweifeln begann, ob ich ihn denn lebend in der Spezialklinik abliefern können würde. Hans-Peter bat mich darauf, in seine linke Jackentasche zu greifen, um eine Schachtel mit Injektionsnadeln und hoch wirksamen Ampullen eines Opiatpräparats herauszuholen, das er in solchen Krisensituation spritzen sollte, um nicht zu kollabieren.

Unsere Augenpaare trafen sich und ich verstand. Ich sollte die Injektion vorbereiten und sie ihm verabreichen. Am besten in den Arm oder den Oberschenkel, meinte er erschlafft. Ich erinnerte mich sogleich an die zahlreichen Blutverdünnungsinjektionen, die ich mir nach meinen Krankenhausaufenthalten verabreichen musste, fasste ein Herz und entschied mich für seinen Oberschenkel, was zwar ein kleines logistisches Kleidungsproblem darstellte, mir aber doch vertrauter war. Bei seinen dünnen Unterarmen hätte ich bei bestem Willen nicht gewusst, wie ich injizieren hätte sollen, ohne ihm Schmerzen zu bereiten. Kurz nach der Infiltration lehnte sich mein Patient irgendwie erleichtert zurück und hielt seine tiefliegenden Augen geschlossen. Als ich das Fahrzeug zur Weiterfahrt startete, war sein „Adlerkopf" schon gegen die Seitenscheibe gefallen und sein Mund stieß, weit geöffnet, piepsende Laute aus. Ich dachte mir, solange ich diese Laute hören würde, musste ich mir keine Gedanken um ihn machen und machte mich auf den Weg. Schneller als bisher. Ich wollte die Zeit ausnützen, solange er sich in diesem Zustand befand.

Auf den letzten Kilometern bis zu unserem Ziel zermarterte ich mich mit schmerzenden Zweifeln und sinnlosen Fragen, was um Gottes Willen, mich veranlasst hatte, diese Fahrt des Leidens zu unternehmen. Mein Unterbewusstsein wiederum marterte mich jetzt massiert mit Erinnerungen an den Leidensweg meines Bruders, der auf ähnliche Weise seinem Tode entgegengehen musste. Was würde passieren, wenn ich mit einem toten Patienten in der Spezialklinik ankäme! Was würde seine Familie sagen? Warum haben sie mich nicht über seinen prekären Zustand aufgeklärt? Warum haben sie zugelassen, dass er sich mit mir auf diese Reise begibt? Alles Fragen, die im Moment keine Antwort erhoffen ließen. Es wäre überdies völlig einerlei gewesen, wie diese Antworten ausgefallen wären. Sie hätten kein Lösungspotential gehabt.

Hans-Peter erwachte kurz bevor ich die Straße erreichte, in welcher sich die Klinik befinden sollte. Meine Überraschung war groß, als ich die angegebene Hausnummer endlich erreichte. Keine Auffahrt, keine Aufschrift, keine große Glasfront. Nichts, was im Entferntesten auf eine Klinik deuten könnte. Ich hielt vor einem schlichten Bürgerhaus mit der dezent gehaltenen Aufschrift „Institut Dr. Carlsberg" und einem Hinweisschild „Patienteneingang von der Parkplatzseite, durch das Einfahrtstor erbeten."

„Was ist das für eine Klinik?", sagte ich, für Hans-Peter deutlich vernehmbar, vor mich hin. „Du wirst gleich sehen, was wir dort zu erwarten haben. Ich bin jetzt richtig froh, endlich hier zu sein. Ich danke Dir von ganzem Herzen für die Leistung, die Du für mich vollbracht hast. Ich gebe Dir jetzt gleich Deine Gage, hier im Auto. Drinnen im Gebäude wird dafür vielleicht nicht mehr Zeit genug sein", sagte Hans-Peter. Ich nahm das Geld und verspürte plötzlich eine gewisse Zufriedenheit, alles geschafft zu haben und genoss den ebenso zufriedenen Blick meines Fahrgastes.

Kaum hatte ich den Wagen geparkt, erschienen zwei Bedienstete des Hauses mit einem fahrbaren Krankenstuhl. Sie erschienen mir eher als Security Personal denn als Krankenpfleger, die ich eigentlich in dieser Situation erwartet hätte. Aber ich stellte jetzt keine grundlegenden Fragen mehr. Trotzdem fragte ich Hans-Peter ob wir hier schon richtig wären. „Mir kommt vor, wir befinden uns hier eher in einem Hochsicherheitstrakt als in einer Spezialklinik", sagte ich neben Peter und den beiden freundlich schweigsamen Männern einherschreitend. „Mach dir keine Sorgen. Wir sind schon richtig hier. Hier bleibe ich", antwortete er spontan. „Wie meinst du das?", fragte ich leicht irritiert. Noch bevor Hans-Peter antworten konnte schritt eine Dame in einem engen Kostüm mit weißer Bluse lächelnd auf uns und begrüßte uns wie wenn sie uns seit langem kennen würde. Sie sagte dann noch, er habe vor dem Termin mit dem Institutsvorstand und der Zimmerzuweisung noch etwas Zeit, um sich von mir zu verabschieden. Wir sollten deswegen den Verabschiedungsraum am Ende des Ganges aufsuchen. Ein Kühlschrank mit Getränken zur freien Entnahme stünde dort bereit.

Jetzt durchfuhr es mich wie ein Blitz. „Verabschiedungsraum?", „Hier bleibe ich!". War ich hier zum ersten Mal in meinem Leben in einer Institution gelandet aus der die Patienten nicht mehr lebend rauskommen – einer Sterbehilfeinstitution? Wie konnte ich nur so naiv sein, dies den ganzen langen Tag nicht in Erwägung gezogen zu haben? „Hans-Peter!. Wieso hast du mir das nicht gesagt? Wieso habt ihr mich so unvorbereitet hierher fahren lassen?". Ich setzte mich ganz nah zu ihm, nahm zitternd seine Hände, blickte in seine Augen, die mit meinen und den Augen meines Bruders verschmolzen und sich in ein Bad von steten Tränen ergossen. Ich sah alsbald Hans-Peter, dann wieder meinen Bruder im Rollstuhl sitzen. Sie vereinten sich zu einer Wolke der Erkenntnis. Es war für mich ein Gefühl der Trauer und der Freude zugleich, die mich in diesem warmen Raum überkam. Trauer um einen dahingehenden Menschen, den ich zwar erst seit drei Tagen kannte, der mir in dieser Zeit aber vertrauter geworden war, als jeder Mensch, den ich seit dem Tode meines Bruders kenngelernt hatte.

Unsagbare Freude tat sich auf, dass es mir gegönnt war auf diese Weise endlich die Gelegenheit zu haben mich gebührend von meinem Bruder zu verabschieden. Er saß hier vor mir und lächelte mich mit den müden Augen meines Fahrgastes an. Gleich darauf schälte sich dieser wieder aus dieser Seelenwolke und er sagte spontan und glücklich: „Grüße meine Frau und meine Tochter von mir. Du wirst ja sicher noch bei ihnen vorbeischauen und ihnen von unserer geglückten Tour erzählen. Bitte geh jetzt! Danke für alles, du warst mein Engel vor der Erlösung". Ich atmete tief und schmerzerfüllt, ging im Rückwärtsschritt auf die Türe zu und rief ihm winkend zu: „Und du warst der Engel meines inneren Friedens. Gehab dich wohl!"

Weitere Werke des Autors:

Prosa und Lyrik:

Hannes Stiegler, Der Hauch der Gewesenen , 2. Auflage April 2014, ISBN 978-3-7357-9038-5, 128 Seiten, Books on Demand, Norderstedt, 2014

Hannes Stiegler, ChronoLogisches 1967 – 2013, Lyrik Sprüche, Prosa (Auswahl), ISBN: 978-3-7357-8735-4, 125 Seiten, Books on Demand, Norderstedt 2014

Hannes Stiegler, Tief aus meiner Seele, 51 Gedichte, inspiriert an der Lyrik Georg Trakls, 3. Auflage April 2015, ISBN 978-3-7357-3890-5, 40 Seiten, Books on Demand, Norderstedt, 2014

Hannes Stiegler, Sinnseiten 2014 – 2015, Sinnliches, Sinniges und Sinnhaftes aus den Jahren 2014 -2015, ISBN 978-3-7347-8258-9, Books on Demand, Norderstedt 2015

Hannes Stiegler, Reisetagebuch Marokko 2008 – 2009, Marokko kontemplativ empfunden, ISBN: 978-3-8448-0217-7, Books on Demand, Norderstedt, 2016

Sachbuch:

Hannes Stiegler, We Rocked Salzburg - Bands und Musiker von der Nachkriegszeit bis in die 1980er, ISBN 978-3-902692-54-2, 160 Seiten mehr als 290 Abbildungen, Colorama Verlag Salzburg 2012

Wissenschaftliche Publikation:
Hannes Stiegler, Aufsatz „Spielstätten des Jazz, der Tanz,- und Rockmusik von der Nachkriegszeit bis in die 60er-Jahre" in „Those Were the Days." Salzburgs populäre Musikkulturen in den 1950er und 1960er Jahren als Band 5 der Veröffentlichungen der Forschungsplattform Salzburger Musikgeschichte im Hollitzer-Wissenschaftsverlag, Wien, 2016

stiegler-consult@tmo.at